Primera Pedro

José Young

Ediciones Crecimiento Cristiano

© 2006 **Ediciones Crecimiento Cristiano**
Título: 1 Pedro
Autor: José Young
Primera edición: 2006
Edición actual: 2009
I.S.B.N. 978-987-1219-05-6
Clasificación: estudio bíblico, guía de destudio
Diseño de tapa: Ruth Santacruz
Corrección: Michelle Sommerville

Impreso en los talleres de
Ediciones Crecimiento Cristiano
Dirección postal:
Córdoba 419
5903 Villa Nueva, Cba.
Argentina

oficina@edicionescc.com.ar
www.edicionescc.com

IMPRESO EN ARGENTINA

VE 11

Introducción

El Pedro que conocemos de los Evangelios y el Pedro que encontramos en esta carta parecen dos personas distintas. El primero siempre habla más de lo debido y cada tanto su entusiasmo lo lleva a extremos inaceptables. Pero el Pedro que escribió esta carta es un hombre serio, hasta modesto, que refleja en sus palabras la realidad de su experiencia.

Es probable que la carta fuera escrita alrededor del año 63, un poco antes de la persecución "oficial" a la iglesia de parte del emperador romano Nerón. En el libro de los Hechos vemos que la iglesia ya había sufrido persecución, pero iba en aumento durante el siglo primero.

Reconocemos la gran ayuda que recibimos durante la preparación de esta guía de estudio de una versión inédita de Teresa de Blowes.

Vamos a utilizar varias versiones de la Biblia en este estudio y, cuando referimos a las diferentes versiones, las abreviaturas serán:

NVI = Nueva Versión Internacional.
RV95 = Reina-Valera Versión 1995.
DHH = Dios Habla Hoy.

Al final de varios estudios hemos agregado notas aclaratorias sobre porciones del pasaje o del estudio.

Temario

1

Introducción a 1 Pedro

En este primer estudio vamos a dar un vistazo del libro y examinar los primeros dos versículos. Su primera tarea, entonces, será simplemente la de leer todo el libro, preferiblemente en más de una versión de la Biblia.

1/ ¿Cuál parece ser el tema principal del libro?

2/ Aunque no haya muchos datos, busque lo que dice el libro en cuanto a
a/ lo que dice Pedro de sí mismo:

b/ dónde estuvo cuando escribió la carta:

c/ con quiénes estuvo:

Los versículos 1 y 2

Note que Pedro escribe a personas de cinco provincias romanas.

3/ ¿Qué país (o países) ocupa actualmente esa zona?

Pedro utiliza varios términos para describir a las personas que recibirían la carta. Vamos a examinar tres de ellos.

"Extranjeros dispersos" o, como dicen otras versiones, "expatriados de la dispersón" (RV95) o "expartidos fuera de su patria" (DHH). Esta expresión, para el pueblo judío, refería a los de su raza que habían sido exiliados y que vivían en varios países del mundo conocido. Eran la "diáspora", el pueblo lejos de su verdadera patria. Note Juan 7.35 donde Juan utiliza la misma palabra.

4/ Pero la expresión puede tener otro significado. ¿Quiénes pueden ser estas personas según Hechos 8.1; Hebreos 11.13-15 y 1 Pedro 2.11? (Hay dos posibles respuestas).

5/ El siguiente término para examinar es "elegidos".
a/ ¿Por quién fueron elegidos?

b/ ¿Qué parte tenía el Espíritu Santo en el proceso? (nota 1)

c/ ¿Con qué fin fueron elegidos?

6/ Pedro escribe a personas elegidas y expatriadas, elegidas y rechazadas.

a/ ¿Cómo afecta nuestra manera de enfrentar la vida si sentimos que somos elegidos, o rechazados, por alguien?

b/ ¿Cambia la situación cuando nos damos cuenta de quién es la persona que nos ha elegido... o rechado?

Pedro termina la introducción de su carta con una "bendición": una oración.

7/ Cuando pide "gracia" para ellos, ¿qué está pidiendo?

Al estudiar la carta, tratemos de recibirla como si fuera para nosotros, algo para vivir ahora, especialmente cuando necesitamos comprender y enfrentar nuestras propias pruebas y dificultades.

Una primera conclusión que podemos sacar de este estudio es nuestro gran privilegio de ser escogidos por Dios. Recomiendo que, como grupo, den gracias a Dios por tratarnos de una manera tan buena.

Notas:

1 - Pedro dice que hemos sido "santificados" por el Espíritu. Es necesario reconocer que se puede hablar de la "santificación" de dos maneras diferentes. Primero, *hemos sido santificados*, es decir, hemos sido separados de este mundo, hemos sido incorporados a la familia de Dios (1 Corintios 6.11). Segundo, Dios nos exhorta a que *seamos santos*, que vivamos una vida que corresponde a nuestra identidad como hijos de Dios (1 Pedro 1.16).

2

1 Pedro 1.3-9

Pedro comienza el cuerpo mismo de su carta alabando a Dios y, al seguir con el estudio, veremos que tiene buenos motivos para hacerlo.

Su primer motivo es que "por su gran misericordia nos ha hecho nacer de nuevo". Y lo llamativo es que nos hizo renacer por medio de la resurrección de Jesucristo.

1/ ¿Qué relación puede tener la resurrección con el nuevo nacimiento? Note Romanos 10.9 (NVI o RV95).

2/ Los dos resultados de haber nacido de nuevo son:

3/ Note que Pedro habla de una esperanza "viva" (1 Pedro 1.3).
a/ ¿Qué es una esperanza "viva"?

b/ ¿Hay esperanzas "muertas"? ¿Cómo son?

4/ Pedro utiliza tres palabras para describir nuestra herencia. Dé su propia definición de cada una.

a/ Indestructible (nota 1):

b/ Incontaminada:

c/ Inmarchitable:

5/ ¿Qué *es* esa herencia? Note, por ejemplo, Romanos 8.17 y Gálatas 3.29.

La herencia es segura, como escribió Mateo: "donde ni la polilla ni el óxido carcomen, ni los ladrones se meten a robar". (Mateo 6.20) Y la garantía es que Dios mismo nos guarda (nota 2) para esa herencia.

6/ Sin embargo, ¿qué se necesita para asegurar que los herederos reciban la herencia?

Pedro reconoció que ellos estaban enfrentando pruebas, probablemente el comienzo de la persecución más grande que vino después. En realidad, el mismo Señor le anticipó que vendrían pruebas. (Juan 15.20) Y es muy probable que un buen número de los participantes de su grupo de estudio hayan pasado por tiempos difíciles.

7/ ¿Cómo podemos relacionar Eclesiastés 7.3 con lo que dice Pedro aquí?

8/ Note cómo Pedro compara la fe con el oro en el versículo 7.
a/ ¿De qué maneras la fe y el oro son parecidos?

b/ ¿De qué manera son diferentes?

9/ Pedro dice, y con razón, que ellos ya no podían ver a Cristo, sin embargo lo amaban. Ya que nos cuesta amar a la gente con quienes convivimos, la gente que "vemos", ¿cómo podemos amar a alguien que *no* vemos?

Pedro, en el versículo 3 dice que ya hemos nacido de nuevo, sin embargo, en el versículo 5 habla de una "salvación que se revelará en los últimos tiempos".

10/ ¿En qué sentido ya hemos sido salvados y en qué sentido hemos de ser salvos?

Sí, tenemos muchos motivos para regocijarnos y alabar a Dios. En Cristo Jesús, nos ha hecho nacer de nuevo, y nacer para una nueva esperanza.

Notas:

(1) La RV95 tiene "incorruptible", y el verbo que utiliza Pedro significa algo que no puede pudrirse, deshacerse.

(2) El verbo "guardar" o "proteger" en el versículo 6 es un término militar. Es la protección equivalente de estar dentro de una fortaleza militar.

3

1 Pedro 1.10-16

El evangelio de Jesucristo tiene sus raíces bien profundas en la historia y en el capítulo 3 de Génesis aparece la primera huella (nota 1). Lo llamativo del relato de Pedro es que dice que Cristo estuvo "en" los profetas que hablaban de esta salvación.

1/ Pedro indica que los profetas intentaban comprender los propósitos de Dios y su salvación.

a/ ¿Qué entendían de esas revelaciones?

b/ ¿Qué es lo que querían entender?

2/ ¿Qué agrega Hebreos 11.13-16 al tema?

¡Es realmente fantástico que las cosas que ni los profetas ni los ángeles han podido ver son para nosotros!

Aunque nuestras Biblias hacen una división entre los versículos 12 y13, la Biblia en su forma original no tenía tal división, y las primeras palabras del versículo 13 ("Por eso" o "Por tanto") nos indican que este versículo comienza con una conclusión, una aplicación de lo que Pedro había dicho anteriormente.

3/ En los versículos 13 a 16 encontramos cinco exhortaciones, cinco cosas que debemos hacer. Anotarles sin explicación todavía: (ver nota 2)

1 -

2 -

3 -

4 -

5 -

La **primera** exhortación es un poco extraña, y nos damos cuenta cuando comparamos las diferentes versiones de la Biblia:

"actuar con inteligencia" (NVI)
"usen de su buen juicio" (DHH)
"ceñid los lomos de vuestro entendimiento" (RV95)
"vivir sobriamente" (Libro del pueblo de Dios)

La versión RV95 es literal, pero es un modismo hebreo. En aquellos tiempos los hombres no llevaban pantalones, sino túnicas. Para hacer un trabajo físico, o para preparase a pelear en la batalla, tenían que ajustar su túnica para que no molestara.

4/ ¿Qué quería decir Pedro con este modismo?

La **segunda** exhortación también tiene su ambigüedad, ya que las diferentes versiones la traducen:

"estar preparado" (DHH)
"tener dominio propio" (NVI)
"ser sobrio" (RV95)

5/ En base a estas tres traducciones, ¿cómo explicaría esta segunda exhortación?

La **tercera** exhortación es bien clara y es algo que se repite varias veces en el Nuevo Testamento. Colosenses 3.1, 2 nos da un buen ejemplo. Si ya somos ciudadanos del cielo (Filipenses 3.20), lo normal es que fijemos nuestra atención en nuestra patria verdadera.

Encontramos la **cuarta** exhortación en los versículos 13-16. Pedro sigue un modelo que encontramos en todo el Nuevo Testamento: "No hacer esto, sino aquello", "No ser así, sino de este otro modo". Y el párrafo comienza con un "Por eso" o "Por tanto".

Es decir, a la luz de lo que Pedro ha dicho hasta ahora, debemos actuar de un modo que corresponde a un hijo de Dios

La alternativa, la exhortación, en este caso es contundente. El verbo traducido "conformarse" en el versículo 14 es más literal en la versión NVI: "no amoldarse". No debemos quedarnos en ese molde, sino "meternos" en otro molde.

6/ Como "hijos obedientes" debemos dejar los deseos de este mundo. Pero ¿es realmente posible estar en el mundo y no ser del mundo? ¿Hasta qué punto lo podemos lograr?

El modelo nuevo es Dios mismo. Un nivel de excelencia más allá de nuestra comprensión. Pero el versículo 16, la *quinta* exhortación, no es una sugerencia, sino un mandato de Dios mismo.

7/ ¿Por qué hay tan pocos "santos" entre nosotros? ¿Será porque todos estamos demasiado enamorados con este mundo? ¿O simplemente que no somos obedientes? ¿U otra cosa? ¿Qué le parece?

El evangelio es algo que debemos creer, pero también vivir. La clave de la vida cristiana no es nuestro testimonio verbal ni nuestra participación en la iglesia, sino nuestra manera de vivir los siete días de la semana. La clave es que seamos cada vez más santos, como nuestro Padre es Santo.

Notas:

1 - Muchos piensan que Génesis 3.15 es la primera profecía referente al Mesías. Un descendiente de la mujer iba a aplastar a Satanás, algo que no ocurrió hasta que apareció Jesús, el Mesías.

2 - La versión DHH realmente tiene seis, pero la primera: "estar preparado", no aparece en las otras versiones. En este caso se debe seguir las otras versiones.

4

1 Pedro 1.17-21

Noten cómo Pedro comienza esta parte:

"Ya que invocan como Padre..."(NIV)
"Si invocáis como Padre..." (RV95)
"Si ustedes llaman 'Padre'..."(DHH)

Es decir, lo que Pedro va a expresar es una conclusión lógica de la porción anterior. Si somos "hijos obedientes" (v. 14), entonces nos marcará un estilo de vida muy particular.
"Ya que invocan como Padre al que juzga con imparcialidad..." (ver nota 1)

1/ ¿Qué ventajas tenemos si el juez es nuestro padre? O, ¿realmente tenemos una "ventaja"?

2/ Pedro dice que debemos vivir con "temor" y el salmista dice que temer a Jehová es el principio de la sabiduria (Salmo 111.10). ¿Es el temor lo mismo que el miedo? ¿Cuál es la diferencia?

La palabra traducida "vivir" en la DHH (v. 17) significa: "mientras sean peregrinos" (NVI), vivir una "peregrinación" (RV95).

3/ ¿Qué implicaciones tiene para la vida cristiana el hecho de ser "peregrinos"?

4/ "Como bien saben"(v. 18) hemos sido rescatados.
   a/ ¿De qué? Note cómo las diferentes versiones traducen este versículo.

   b/ ¿Qué significa "rescatar" cuando se refiere a nosotros?

Para apreciar el versículo 19 necesitamos mirar su contexto en el Antiguo Testamento. No debemos olvidar que Jesús es el Mesías prometido en el Antiguo Testamento, el Mesías de Israel, y mucho de lo que el Nuevo Testamento dice de él tiene sus raíces en el Antiguo.

5/ ¿Cómo nos ayuda Éxodo 12.3-5 a comprender el versículo 19?

6/ ¿De qué manera los siguientes versículos aclaran el versículo 20? Romanos 16.25; 1 Corintios 2.7 y Tito 1.2, 3.

Ya vimos en los versículos 10-12 que el pueblo judío esperaba al Mesías y su reino. Esperaban una "patria celestial" (Hebreos 11.16). ¡Qué privilegio es el nuestro saber que las promesas se han cumplido "en los últimos tiempos en beneficio de ustedes" (nosotros)! (v. 20)

Así, "... de modo que su fe y su esperanza están puestas en Dios". (v. 21) ¡Debería ser cierto si están estudiando este cuaderno! El problema es que estamos rodeados de personas que dicen creer en Dios, sin embargo, tenemos motivos para pensar que su fe no es real.

7/ Si alguien lo desafía, si alguien dijera: "Demuéstreme su fe en Dios", ¿cómo lo haría?

Notas:

1 - La palabra "imparcialidad" es literalmente: "sin fijarse en la cara". Note 1 Samuel 16.7.

5

1 Pedro 1.22-2.3

Ahora, a la luz del versículo 22, debemos amarnos. Es uno de los temas más repetidos en el Nuevo Testamento, y Pablo afirma que es la esencia de la vida cristiana (Romanos 13.9, 10).

1/ Note que según este pasaje, hay dos motivos porqué debemos amarnos. ¿Cuáles son?

El versículo 22 habla de un amor "sincero" (NVI) o un amor "no fingido" (RV95). Esto implica que puede haber un amor "fingido", un amor "no sincero".

Aquí, como en muchísimos aspectos de la vida cristiana, encontramos una tensión entre la teoría y la práctica. El amor que se practica en demasiados casos entre los creyentes es un amor superficial, con poca sinceridad.

2/ ¿Hay algo que podemos hacer para que nos amemos "con corazón puro y con todas las fuerzas"?

El versículo 23, en casi todas las versiones de la Biblia, comienza con "pues", es decir que el versículo 23 da la razón al versículo 22.

3/ ¿Cómo nos ayudan los siguientes versículos a comprender el versículo 23: Hebreos 4.12; 1 Tesalonicenses 2.13?

El versículo 24 es bien literal, es decir, no compara la "gloria" del hombre con una rosa o un tulipán, sino con la flor del pasto, la hierba. Algo tan insignificante que normalmente ni la observamos. Pero Pedro lo hace para destacar al versículo 25. ¡Hay *algo* que es permanente en esta vida!

Tres veces en el primer capítulo Pedro habla de cosas que no se puede destruir o contaminar, cosas "incorruptibles" (RV), "indestructibles" (NVI).

4/ ¿Cuáles son?

La expresión: "por lo tanto" del versículo 2 (NVI, DHH) nos dirige hacia lo que debe ser el resultado del planteo del capítulo 1.

Hay dos cosas que debemos hacer según los versículos 1-3. La primera es desechar, abandonar, despojarnos de algo. La otra es desear, buscar con ansiedad.

5/ Vamos a examinar la lista de las cosas que debemos desechar.

a/ *La maldad* (la malicia). ¿Qué es? ¿Cómo la demostramos?

b/ *El engaño*. ¿En qué podemos engañar?

c/ *La hipocresía*. ¿Qué es? ¿Qué diferencia hay entre "engaño" e "hipocresía"?

d/ *La envidia*. ¿Envidia de qué?

e/ El *chisme* (DHH), *la maledicencia* (RV95), *la calumnia* (NVI). Éste es, tal vez, uno de los pecados más "aceptables" en las iglesias. ¿Qué es? ¿Por qué es tan difícil de erradicar?

Lo que debemos desear, en cambio, es la "leche" de la Palabra.
6/ ¿Qué tiene de especial la leche para que Pedro la utilice en esta comparación?

El versículo 3 es una terminación justa para esta porción. "Hemos probado lo bueno que es el Señor" (NIV), "hemos gustado la bondad del Señor" (DHH).

Amén.

6

1 Pedro 2.4-8

Abundan las figuras utilizadas por la Biblia para ayudarnos a comprender mejor al Salvador. Este pasaje destaca una de ellas. Hay tres palabras traducidas como "piedra" o "roca" en el Nuevo Testamento. Son:

λιθοσ (lithos): normalmente significa una piedra labrada, no común. Puede referirse a una pieda preciosa.

πετροσ (petros): es la piedra común. El nombre que Jesús dio al apóstol Pedro es πετροσ.

πετρα (petra): es la palabra genérica, es decir, roca y no madera. En Mateo 16.18 Jesús dice: "Yo digo que tú eres Pedro (πετροσ), y sobre esta piedra (πετρα) edificaré mi iglesia".

En este pasaje todas las veces que encontramos la palabra "piedra" es λιθos, salvo en el caso del versículo 8 que es πετρα.

1/ Anote todo lo que Pedro nos dice acerca de esta piedra que es el Cristo. ¿Cómo es? (ver nota 1)

2/ La figura de la roca es común en el Antiguo Testamento. (Hay que ver las versiones RV95 o NVI) ¿Qué más aprendemos de la roca de los siguientes versículos?

a/ Deuteronomio 32.3, 4

b/ Salmo 18.31

En los versículos 6 a 8 la palabra "piedra" es "lithos", pero en el versículo 6 agrega: "la piedra pricipal". Es una sola palabra con dos posibles acepciones.

Puede significar la piedra principal del cimiento o la pieza clave de una bóveda, es decir, la última piedra que une los brazos del arco, la piedra central. El versículo 7 y Efesios 2.20 parecen indicar la segunda acepción.

3/ ¿Da lo mismo? ¿Si es la una o la otra, ¿afecta la interpretación del pasaje? ¿Por qué?

Pedro habla de un edificio, pero también de los edificadores del edificio.

4/ ¿Qué relación tenían, o deberían haber tenido, los "edificadores" con la piedra que es Jesús?

En el versículo 7 Pedro cita un pasaje del Salmo 118 que encontramos en otro contexto del Nuevo Testamento.

5/ ¿Qué aprendemos de los "edificadores" en Lucas 20.9-19 donde Jesús mismo cita el pasaje del Salmo 118?

Pedro dice que los edificadores tropezaron sobre la roca. Y luego agrega: "¡Ese es su destino!" (RV95), "ese es su merecido" (DHH).

6/ Piénselo dos veces. ¿Cuál es su merecido o destino, según este pasaje?

Dios colocó la piedra principal, pero sobre esa roca edifica un edificio.

7/ Busque también en Efesios 2.20-22 y anote cómo es ese edificio.

8/ ¿De qué manera debe funcionar una iglesia si es así?

Además, Pedro dice que las "piedras vivas" que forman el edificio son sacerdotes, y sacerdotes santos.

9/ ¿Cómo debemos vivir, como parte de la iglesia, si somos "sacerdotes santos"?

Acerquémonos entonces a Él. Como piedras vivas, estemos dispuestos a cumplir con la función por la cual Dios nos llamó.

Notas:

1 - "Sión" era el nombre de la colina, o de la fortaleza que había en ella, la cual David conquistó para edificar la ciudad de Jerusalén. Con el tiempo, ese nombre "Sión" se refirió a la ciudad misma.

7

1 Pedro 2. 9, 10

Estos dos versículos están llenos de riquezas. Son una continuación de los versículos anteriores. El argumento de Pedro hasta ahora sería más o menos el siguiente:

No somos como ellos que no hicieron caso del mensaje: ellos tropezaron sobre la piedra principal, pero ustedes son...

Pedro luego utiliza cuatro términos para describir al pueblo de Dios. Son expresiones que encontramos en el Antiguo Testamento con referencia a Israel, el primer pueblo de Dios.

El **primer** término es γενοσ, que significa: raza, descendientes, familia. (ver nota 1)

1/ El concepto viene de Isaías 43. 20, 21. ¿Qué nos enseña Isaías acerca de este pueblo?

El **segundo** término es que somos un sacerdocio, pero un sacerdocio particular. Note la diferencia entre:

"real sacerdocio" (NVI)
"un sacerdocio al servicio del rey" (DHH)

Los comentaristas están de acuerdo con indicar que habla de un sacerdocio que *pertenece* al rey. Es "real" porque es de él.

2/ ¿Cómo se describe a estos sacerdotes? Note también Éxodo 19. 5, 6.

3/ Si es cierto que el pueblo de Dios forma un sacerdocio,
a/ ¿Qué privilegios tiene?

b/ ¿Qué responsabilidades tiene?

El *tercer* término utiliza la palabra εθνοσ, que normalmente se refería a las naciones no judías. "Nación santa" era el término reservado para Israel. (Éxodo 19.6)

Pero hay un problema aquí. Cuando leemos el Antiguo Testamento vemos que Israel estaba lejos de ser una nación santa.

4/ ¿Qué le parece? ¿Es posible que una *nación* sea santa? Explique su respuesta.

El *cuarto* término es, literalmente: "un pueblo que es posesión, propiedad". La misma idea se encuentra en Hechios 20.28; Efesios 1.4 y Tito 2.14.

5/ ¿De qué manera estos tres versículos amplian el concepto de "un pueblo que es posesión"?

Noten que en los versículos 9 y 10 no habla de "cada creyente" sino de "ustedes". No habla de dones individuales sino de la colectividad.

6/ ¿Qué implicancia tiene esa diferencia para la vida cristiana?

La cuarta descripción define la "nueva creación" que Dios está formando (2 Corintios 5.17, NIV). Pero la forma con un propósito y una tarea. La vida cristiana no es solamente un "ser" sino también un "hacer".

Pedro dice que la tarea es "anunciar". Pero en cuanto a *qué* debemos anunciar, hay diferencias interesantes entre las versiones de la Biblia. Por ejemplo:

RV95 = virtudes
Nueva Biblia Española = proezas
DHH y NVI = las obras maravillosas
Biblia de Jerusalén = alabanzas
Hispano Americana = excelencias
Nacar Colunga = el poder

Se puede ver que la palabra que define lo que debemos anunciar tiene esencialmente dos significados posibles.

7/ ¿Cuáles son?
   a/

   b/

Éstas son las dos dimensiones que debe tener nuestro mensaje. Y son dos de las cualidades que hemos aprendido a apreciar en nuestro Salvador.

La porción que estamos estudiando termina con tres contrastes: el "antes" y el "ahora".

Antes	**Ahora**
oscuridad	luz
no pueblo	pueblo
sin compasión	con compasión.

8/ Intenta buscar por lo menos un versículo de la Biblia que afirme cada característica.

a/ vivimos en oscuridad

b/ ahora tenemos luz

c/ no éramos pueblo

d/ ahora somos pueblo

e/ Dios no nos tenía compasión

f/ Dios nos tiene compasión

Con pocas palabras, Pedro ha delineado la grandeza del llamamiento del pueblo de Dios. Recomiendo que terminen su sesión de estudio dando gracias a Dios por el privilegio de ser parte de ese pueblo.

Notas:
1 - La descripción "linaje escogido" utiliza la misma palabra que describe a Cristo en los versiculos 4 y 6.

8

1 Pedro 2.11-17

Nuestra relación con Cristo debe traducirse en un estilo de vida particular. Pedro ocupa lo que queda de su carta con consejos prácticos.

Comienza con una apelación. Dice que somos "extranjeros y peregrinos" en este mundo.

1/ ¿Cuál es la diferencia entre un "extranjero", "un "peregrino" y un "paisano"?

Somos de un mundo; vivimos en otro. Pedro dice que no debemos vivir según las reglas de juego de este mundo. Lo que es correcto y bueno en uno, no necesariamente lo es en el otro.

Pero note el planteo de Pablo en 1 Corintios 9.20-22.

2/ ¿No le parece que hay un conflicto entre lo que dice Pablo en 1 Corintios y este pasaje de Pedro que estamos estudiando? Explique porqué.

Los primeros cristianos recibieron mucho abuso de parte de la gente. Los acusaban de ser:

Ateos, porque no adoraban a sus dioses.
Desleales, porque proclamaban a otro rey.
Antisociales, porque no participaban en sus fiestas y "placeres".

Nosotros, en contraste, somos relativamente bien recibidos en América Latina. Pero a menudo hablan mal de nosotros también.

3/ ¿Por cuáles motivos la gente habla mal de nosotros actualmente?

El remedio, según Pedro, es una vida ejemplar. Como lo dice en la NVI:

Mantengan entre los incrédulos una conducta tan ejemplar que, aunque los acusen de hacer el mal, ellos observen las buenas obras de ustedes y glorifiquen a Dios en el día de la salvación. (1 Pedro 2.12)

Ahora, la manera en que este versículo termina nos plantea un pequeño problema. Las diferentes versiones de la Biblia lo traducen de distintas maneras. Dice, literalmente: "...en el día de visitación". El problema obvio, entonces, es: ¿en qué día de visitación? Hay dos posibilidades.

4/ En base a los siguientes versículos, ¿de qué día o visitación habla Pedro?
   a/ Lucas 1.68 ("visitado", RV95); Lucas 19.44; 2 Corintios 6.2

En cualquiera de las dos escenas, Pedro dice que los retractadores tendrían que reconocer delante de Dios que los creyentes tenían razón. Dice, literalmente, que "glorificarán" a Dios, le darán la razón, reconocerán que la "buena conducta" de los creyentes es obra de Dios. Aunque el tema de la sumisión a las autoridades (vv. 13-17) debería ser fácil, no lo es. Ni en aquellos días ni en los nuestros. Conviene leer ahora la nota 1 que da una breve descripción de la "autoridad" en la época del Nuevo Testamento. Es importante reconocer, como dice Pablo en Romanos 13.1, que es Dios quien ha establecido el concepto de la autoridad. Sin ella, un mundo de hombres y mujeres pecadores sería un caos.

5/ Según lo que dice Pedro aquí,
a/ ¿cuáles son las dos razones principales por las cuales debemos someternos a las autoridades?

b/ ¿Cuáles son las dos responsabilidades de las autoridades?

6/ ¿Qué *es* someterse a las autoridades? ¿Cómo aplicamos esto a nuestro quehacer diario?

Pedro, aquí, no enfrenta el problema de autoridades "malas" (tema incluído en el estudio que sigue) o leyes injustas. Lo que sí tenemos es la afirmación de Pedro en Hechos 5.29.

7/ Piense en una situación actual donde "¡es necesario obedecer a Dios antes que a los hombres!"

8/ ¿Qué significa "valerse de su libertad para disimular la maldad"? (v. 16 NVI)

El versículo 17 resume muchos aspectos de la conducta del discípulo de Jesucristo.

VE11

9/ En términos prácticos,
a/ ¿qué es dar a todos "el debido respeto"?

b/ Dé un ejemplo de cómo debemos amar a nuestros hermanos.

Consejos... consejos prácticos. Si nuestras vidas están edificadas sobre "la piedra principal", las implicaciones para nuestra conducta son numerosas. Que Dios nos ayude a comprender nuestra relación con la autoridad.

Notas:
1 - En toda la sociedad romana, la patriarquía era el modelo. Según la ley romana, el padre de una familia tenía poder sin límites sobre todos los demás miembros de la familia, un poder de vida o de muerte. Normalmente ningún miembro de la familia tenía una propiedad privada: todo lo que los miembros de la familia adquirían pertenecía a toda la familia. Un "consejo de familia" podría limitar la crueldad o actuación arbitraria del padre, pero el único control verdadero de su mandato era su propio código moral.

Esclavos, esposas, hijas solteras e hijos que no habían logrado su propia independencia estaban bajo el poder absoluto del padre. Entre los esclavos había artesanos, peones, ayudantes de la casa, pero también había docentes, médicos y personas de la categoría de "profesionales". El esclavo librado tenía todavía ciertas obligaciones con su antiguo dueño. La mayoría de las personas libres, viudas y otras personas legalmente independientes eran "clientes" de un "patrón", quien era, en un sentido, como un padre para ellos en un mundo donde una persona sin un patrón poderoso no tenía recursos.

Unos pocos aristócratas pudientes controlaban los asuntos de la mayoría de las ciudades: eran dueños de la mayoría de las propiedades e industrias, tenían los puestos claves y eran los únicos que votaban. Ellos y Roma nombraban a todos los jueces, empleados municipales y cobradores de impuestos. Así, para asegurarse la justicia, era necesario tener a un aristócrata (o alguien cerca de él) como patrón.

En general la gente aceptaba este sistema como justo. Cosas como la independencia, la democracia y los derechos individuales no tenían el mismo valor para la gente como el orden, la prosperidad, la lealtad y la responsabilidad. Los patrones y padres eran muy variados en sus virtudes morales, pero muchos cumplían sus deberes con seriedad.

Las diferencias esenciales entre la sumisión en el Nuevo Testamento y la sociedad pagana eran:

1) las actitudes tras la obediencia y la aceptación de las consecuencias de la desobediencia.

2) los límites ("teman a Dios, respeten al rey") de la obediencia.

(adaptado del estudio 1 *Peter*, Navpress, 1986)

9

1 Pedro 2.18-25

Esta porción del libro está dedicada a los "criados" (NVI) o "sirvientes" (DHH). La palabra en griego se refiere a las personas que sirven en un hogar, sean libres o esclavos, personas que trabajan bajo una autoridad. El equivalente más cercana hoy sería la palabra "empleados", personas ocupadas con tareas como vimos en la nota del estudio anterior.

Aunque muchas versiones de la Biblia hacen una división entre los versículos 17 y 18 con un sub-título, en realidad el versículo 18 es simplemente la continuación del tema incluído en la porción anterior. Sigue hablando de "someternos", una palabra nada agradable en nuestros días. Sin embargo, es un concepto que Pedro destaca en su libro.

Hay otro concepto que Pedro destaca en estos versículos. Repite varias veces términos como "sufrir", "padecer", "soportar". Pero habla de ese "sufrimiento" en un contexto muy específico.

1/ En breve, ¿qué pide Pedro de nosotros en este pasaje?

2/ ¿Por qué hemos de actuar así?

Pedro habla de dos posibles clases de patrones: los buenos y los insoportables e injustos.

3/ ¿Debemos siempre someternos a los patrones injustos y callarnos? ¿Cómo nos ayuda Romanos 12.14-21?

Hay una expresión en el versículo 19 que es difícil de traducir e interpretar. Se traduce, por ejemplo:

"por sentido de responsabilidad delante de él (Dios)". DHH y NVI
"a causa de la consciencia delante de Dios". RV95
"por consideración de Dios". Biblia de Jerusalén

Una traducción más o menos literal del versículo sería:
"Esto es gracia, si consciente de Dios, uno sufre (molestias, sufrimiento, dolor, penalidades) injustamente." (ver nota 1)

4/ ¿Cómo nos ayuda esa expresión a comprender lo que Pedro pide de nosotros?

5/ ¿Cómo responde usted a la pregunta del versículo 20?

Muchas veces se habla de Cristo como nuestro ejemplo. Y el

versículo 21 dice que debemos "seguir en sus pisadas", que somos "dignos de elogio" cuando sufrimos por hacer el bien.

6/ ¿Pueden citar un ejemplo en el cual Cristo sufrió por hacer el bien (además de la cruz)?

7/ En cuanto al ejemplo de Cristo, en este pasaje que estamos estudiando,
a/ anote las cosas que *no* hizo:

b/ anote las cosas que *sí* hizo:

8/ Según este pasaje (2.18-25), ¿qué quiso lograr Cristo en nosotros cuando murió en la cruz?

9/ ¿Cree que ese deseo de Cristo está cumpliéndose en usted?

Para muchas personas, Cristo es un ejemplo. Según su manera de entender su persona dicen que debemos hacer el bien, no hacer daño a nadie. Pero no se dan cuenta que el ejemplo que debemos seguir, según Pedro, es del Cristo que sufrió, el Cristo que "se entrega a aquel que juzga con justicia" (v. 23).

Notas:
1 - La palabra que describe lo que se sufre puede tener más de una aceptación. Por ejemplo, se traduce como "tristeza" en 2 Corintios 2.7 y "dolor" en Juan 16.21.

2 - El versículo 25 dice literalmente que hemos vuelto al pastor y *obispo* de nuestras almas (RV95). Y hay que recordar que en aquel tiempo la palabra "obispo" no tenía el significado de una jerarquía eclesiástica como tiene actualmente. La palabra viene del mundo secular, donde un "obispo" era más bien un administrador, un capataz.

10

1 Pedro 3.1-7

Note como Pedro sigue en el versículo 1 con "Así mismo" o "Así también" (ver nota 1). Las actitudes que encontramos en el pasaje anterior se aplican a este caso también.

Cuando Pedro toca el tema del matrimonio, especialmente el matrimonio donde un cónyuge no es creyente, responde a una de las situaciones críticas que viven muchas iglesias en América Latina.

También es importante notar que, así como el esclavo o siervo no tenía derechos propios en los pueblos paganos, tampoco la mujer tenía derechos legales. Antes de casarse era propiedad de su padre; después de casarse era propiedad de su marido. La mujer no podía tomar decisiones propias y su marido podía divorciarse por casi cualquier motivo. El evangelio cambió esto, pero ellas todavía vivían en ese contexto injusto.

Aunque Pedro habla específicamente de la esposa con un esposo que no es creyente (ver nota 2), subraya principios que se pueden aplicar a toda mujer.

1/ **Pedro habla de dos clases de belleza. ¿Cómo las distingue?**

2/ ¿Significa el versículo 3 que la mujer nunca debe arreglarse para estar más atractiva? Si no, ¿cómo se debe aplicar este versículo?

3/ Haga una lista de los términos que Pedro utiliza para describir esa "belleza interior".

4/ Las características que Pedro menciona,
   a/ ¿son apreciadas por la sociedad?

b/ ¿Cómo ayuda Proverbios 31.10 y 30 a comprender el principio que Pedro destaca?

5/ ¿Significa el versículo 1 que la mujer con esposo no creyente no debe hablarle de Cristo? Explique.

6/ Note como Pedro habla dos veces de la "sumisión" (ver nota 3) de la esposa (vv. 1 y 5).
a/ ¿Qué será esa sumisión en la práctica?

b/ La sumisión implica la inferioridad? Explique.

También Pedro habla de la mujer que hace el bien y no teme a nada (v. 6)

7/ ¿A qué puede tener miedo?

a/ ¿Por qué no debe tener miedo?

8/ ¿De qué manera puede una esposa someterse, íntegra y respetuosamente (v. 2 NVI), y sin miedo cuando a/ su esposo le pide algo y ella se da cuenta de que no es bíblico?

b/ su esposo le pega?

c/ su esposo le prohibe asistir a la iglesia o leer la Biblia?

9/ ¿Cuáles son las cualidades que Pedro destaca de las mujeres de "tiempos antiguos"?

Tal como nosotros somos "hijos de Abraham" por haber confiado en Dios (Romanos 4.11, 12), las mujeres que siguen el modelo que Pedro describe son "hijas de Sara".

10/ Para el esposo, Pedro deja dos instrucciones. ¿Cómo se debe aplicar la exhortación de a/ vivir *sabiamente* con ella (RV95) o ser *comprensivo* con ella (DHH)?

b/ darle honor?

11/ Explique las tres razones porqué el esposo debe tratar así a su esposa:
a/

b/

c/

12/ Pedro trata el caso de la esposa creyente con un esposo "desobediente". ¿Qué debe hacer el esposo con una esposa "desobediente"?

Los principios que Pedro destaca aquí son prácticos, pero tienen implicaciones "celestiales". Por un lado está la posible conversión de un esposo no creyente. Por otro lado está la vida espiritual de la pareja. No podemos separar la vida "espiritual" de la "práctica" en la vida cristiana. El evangelio debe afectar y cambiar todo lo que somos y hacemos.

Notas:

1 - Hay que recordar que cuando Pedro escribió esta carta no la dividió en capítulos y versículos. Esto se hizo muchos años después. 1 Pedro 3 es simplemente la continuación del argumento anterior.

2 - La palabra traducida "no creyente" (DHH), "no creen en la palabra" (NIV) es una palabra que significa "desobedecer". Es la misma que se usa en 1 Pedro 2.7: "desobedecen la palabra" (NIV). Describe, entonces, una persona que está en contra de la verdad, no simplemente una persona que no cree.

3 - La palabra traducida por "estar sujeta" o "someterse" es contundente. Significa estar bajo la autoridad de otro, tomar un lugar subordinado, obedecer.

11

1 Pedro 3.8-16

La mayoría de las versiones de la Biblia comienzan el versículo 8 con "En fin...". Es como si Pedro dijera: "Bueno, lo que estoy diciendo es esto...". Y "esto" tiene que ver con las relaciones entre hermanos.

En los manuscritos originales Pedro nos exhorta con cinco palabras en el versículo 8, traducidas de varias maneras en las diferentes versiones de la Biblia.

❶ Vivir en armonía (NIV) o ser todos de un mismo sentir (RV95). La palabra significa "una sola manera de pensar".

1/ **¿Es posible, o aceptable, que todos pensemos igual? Si no, ¿cómo aplicamos esta exhortación?**

❷ Compartir penas y alegrías (NIV), compasivos (RV95), unidos en un mismo sentir (DHH). La palabra significa: "sufrir juntos".

2/ A la luz de Romanos 12.15; 1 Corintios 12.26 y Hebreos 13.3, ¿cómo debemos aplicar esta pauta?

❸ Practicar el amor fraternal (NIV), amarnos como hermanos (DHH).

3/ Note también 1 Tesalonicenses 4.9. ¿Esto es cierto en su congregación?

❹ Ser compasivos (NIV), ser misericordiosos (RV95), ser bondadosos (DHH).

La palabra significa ser sensibles, rápidos para sentir y expresar cariño.

4/ ¿Será lo mismo que sentir lástima? ¿Por qué?

❺ Humildes

La versión RV95 dice: "amigables", pero los comentaristas afirman que la palabra "humildes"es más correcta.

5/ Pero ¿qué es ser "humilde"? ¿Es lo mismo que "pobre tipo", insignificante? Explique.

Algunas personas tienen un "fusible" más corto que otros. Es decir, algunas reaccionan inmediatamente frente a cuaquier tema. Otros esperan y piensan antes de actuar.

6/ El Señor ya trató el tema del versículo 9. Según Mateo 5.44 y Lucas 6.28, ¿cómo debemos actuar?

Sabemos esto. Sabemos que la reacción espontánea es peligrosa. Porque el versículo 9 afirma que la "reacción" nuestra debe ser una bendición. Debemos bendecir para recibir la bendición.

7/ Pero
a/ ¿qué es "bendecir"?

b/ ¿Cuál ha de ser la "bendición" que podemos esperar? Versículos como Efesios 1.3 y Hebreos 6.7 nos ayudan a comprender mejor la palabra "bendición" en este contexto.

Los versículos 10 y 12 vienen del Salmo 34.12-16. Pedro los utiliza como resumen, como conclusión de lo que acaba de decir.

8/ En esencia, y en pocas palabras, ¿qué dicen estos versículos?

El versículo 14 es algo complicado porque tiene dos posibles traducciones. Algunas versiones indican las posibles variaciones en las notas al pie de la página. Para comprenderlo, es necesario tomar en cuenta la época y la situación en que vivía esa iglesia.

9/ A continuación doy las dos posibilidades. Explíquelas con sus propias palabras.

a/ "No teman sus amenazas, ni se dejen asustar" (DHH).

b/ "No teman lo que ellos temen, ni se dejen asustar" (NVI).

En los versículos 13 a 17, Pedro toca de nuevo el tema de 2.18-21: el sufrimiento. Pero no el sufrimiento en general, sino el que recibimos de otros, sea castigo o persecución.

De nuevo Pedro plantea dos posibilidades: sufrir por hacer el bien o sufrir por hacer el mal.

10/ ¿Puede dar un ejemplo de cómo nosotros, como creyentes, podemos
a/ sufrir por hacer el bien?

b/ sufrir por hacer el mal?

10/ Si tuviera que explicar a un amigo el significado de "honrar en su corazón a Cristo como Señor" (v. 15), ¿cómo lo haría?

En este pasaje Pedro agrega algo nuevo: la necesidad de saber cómo responder a los que nos cuestionan.

11/ En cuanto a los versículos 15 y 16,
a/ ¿cuándo debemos estar listos para responder?

b/ ¿Por qué han de pedir razón?

c/ ¿De qué forma debemos responder?

d/ ¿Cómo debemos prepararnos?

Este pasaje no es fácil. Exige mucho de nuestra parte. Pero debemos siempre recordar que

"... los ojos del Señor están sobre los justos, y sus oídos, atentos a sus oraciones..." (3.12)

12

1 Pedro 3:17-22

Aunque muchas versiones tienen una división entre los versículos 17 y 18, en realidad el v.ersículo 18 es una explicación, una conclusión de lo anterior.

1/ Anote las cinco indicaciones de lo que hizo Cristo en el versículo 18.

a/

b/

c/

d/

e/

2/ ¿Qué es el versículo 18:   una explicación o una conclusión del versículo 17?

Todos los comentaristas están de acuerdo con que los versículos 19 y 20 son unos de los versículos más difíciles de interpretar en el Nuevo Testamento. Pero vamos a pensar en algunos de sus detalles.

❶ El versículo 18 afirma que el Cristo resucitó con una vida "espiritual". (nota 1)

3/ ¿Cómo aclara 1 Corintios 15:42-45 este concepto?

❷ También Pedro afirma que fue a predicar a los "espíritus". En la forma en que se encuentra esta palabra en el texto griego, no hace referencia a los espíritus de personas muertas, sino a ángeles caídos.

4/ ¿Qué más aprendemos acerca de ellos en Judas 6? (ver nota 2)

❸ La palabra "predicar" es diferente a la que se usa para evangelizar. Es simplemente proclamar.

5/ Pedro dice que Cristo proclamó algo a esos espíritus, pero ¿qué puede haber sido su mensaje?

De todos modos, los comentaristas también están de acuerdo en que la referencia a Noé es un enlace para introducir el tema del bautismo. Es decir, el tema importante no es Noé, sino el bautismo.

Ahora bien, Pedro dice que el bautismo "corresponde a esto" (RE95) o "la cual simboliza el bautismo" (NIV).

6/ ¿Cómo entiende el paralelo entre Noé y el bautismo?

Note cómo las diferentes versiones traducen la frase del versículo 21:

"pedirle a Dios una conciencia limpia" (DHH)
"el compromiso de tener una buena conciencia delante de Dios"
    (NVI)
"la aspiración de una buena conciencia hacia Dios" (RV95)

Es una frase difícil de traducir ya que las tres versiones sugieren interpretaciones diferentes.

7/ Pero ¿qué es la "conciencia"?

8/ ¿Cómo logramos tener una conciencia limpia?

Pedro afirma que el bautismo no tiene que ver tanto con el agua, sino con nuestro interior, nuestra "conciencia". También Pedro dice que el bautismo nos salva. Pero vez tras vez, las Escrituras dicen que hemos sido salvados por fe.

9/ ¿De qué manera, entonces, el bautismo nos salva?

Pedro termina con una nota triunfante, afirmando que a Jesucristo quedan sujetos los seres espirituales.

10/ Según Gálatas 4.3, 8 y 9, ¿qué sabemos de esos poderes?

Sí, todo está sujeto a Cristo, **todo**. No lo vemos todavía, pero sabemos que Cristo está esperando ese día en que todos los poderes malignos estarán bajo sus pies. (1 Corintios 15.25) Y con eso, regresará con poder y gloria a la tierra..

Notas:

1 - Los comentaristas indican que la construcción del versículo 18, en griego, indica que Pedro no habla del Espíritu Santo sino del espíritu "humano". Así que, a pesar de la rendición de la NVI, la versión DHH sería más correcta.

2 - Muchos comentaristas piensan que los "espíritus" de Judas son los mismos "hijos de Dios" (término que puede refirse a ángeles) de Génesis 6.1-4.

13

1 Pedro 4.1-6

Aunque el pasaje del estudio anterior se considera como uno de los más difíciles de interpretar en el Nuevo Testamento, esta porción tiene un par de temas que están lejos de ser fáciles. Pedro mencionó en su segunda carta que en las cartas de Pablo "hay en ellas algunos puntos difíciles de entender" (2 Pedro 3.16); pero Pedro tiene varios puntos difíciles de entender en esta carta también.

Pedro nos invita a aceptar la posibilidad de sufrir tal como Cristo sufrió. Es un tema que encontramos a menudo en el Nuevo Testamento.

1/ Por ejemplo, explique 2 Timoteo 3.12.

Pedro sigue con la afirmación de que él que ha sufrido en el cuerpo ha roto, o terminado, con el pecado. Varias veces las Escrituras hablan de la relación entre el sufrimiento y la vida. Por ejemplo, Romanos 5.3-5 y Santiago 1.2-4.

2/ ¿Estos dos pasajes nos ayudan a comprender el versículo 1? ¿De qué manera?

Lo que sí es claro es cuál debe ser el resultado, las consecuencias del versículo 1.

Varias veces las Escrituras hablan de la posibilidad de persecución para los que se identifican con Cristo y testifican de él. Lo vemos en la experiencia de los apóstoles en el libro de Los Hechos. Pero el motivo de las críticas y la posible persecución en este pasaje es otro.

3/ ¿Por cuál motivo el mundo puede hablar mal de nosotros y aun tratarnos mal según este pasaje? Explique.

El versículo 5 expresa una realidad que debe asustar a todo el mundo. ¡Qué terrible sería tener que enfrentarnos a un Dios que es "fuego consumidor" (Hebreos 12.28) y responder por lo que hicimos con nuestra vida!

Por supuesto que nostros también estaremos frente a él, pero con una diferencia profunda: ellos frente al juez, nosotros frente a nuestro Padre.

Con el versículo 6 tocamos otro de los pasajes difíciles de Pedro. Hay esencialmente tres maneras de interpretar estos versículos.

1 - Aunque muchos hermanos ya han muerto, el evangelio fue predicado a ellos durante su vida para que tuvieran vida en el espíritu. "...a pesar de haber sido juzgados según criterios humanos en lo que atañe al cuerpo, vivan conforme a Dios en lo que atañe al espíritu". (v. 6 NVI)

2 - Después de su resurrección, el evangelio fue predicado por Cristo a los muertos para que creyeran y tuvieran vida eterna.

3 - El evangelio ha sido predicado a los "muertos espirituales" (Efesios 2.1) durante su vida terrenal para que tuvieran vida

espiritual, aunque han de ser juzgados por la gente y finalmente sufrir la muerte física.

4/ ¿Puede encontrar razones bíblicas para eliminar una o dos de estas posibilidades?

Como afirma Deuteronomio 29.29, hay cosas que simplemente no vamos a entender en esta vida. El versículo 6 es un buen ejemplo.

Ahora, el tema de estos seis versículos es una continuación de los versículos anteriores donde Pedro habla de la persecución que enfrentaban los creyentes (especialmente 3.8-17).

5/ En resumen, ¿qué mensaje tienen los versículos 1-6 a una iglesia que enfrentaba la persecución?

Si comprendemos bien el mensaje del evangelio, si el mensaje del Nuevo Testamento ha penetrado en nuestras mentes y corazones, entonces el versículo 2 es la única conclusión racional y saludable. Que Dios nos ayude a vivirlo.

Notas:

1 - Algunos comentaristas han sugerido que la segunda parte del versículo 1 también refiere a Cristo. Pero Cristo nunca tuvo que "romper con el pecado" (NVI) o "terminar con el pecado" (RV95), ya que nunca pecó.

14

1 Pedro 4.7-11

Los cinco versículos de este estudio son eminentemente prácticos. En ellos encontramos varios temas, por lo que vamos a verlos versículo por versículo.

Versículo 7

Los primeros cristianos esperaban el pronto regreso del Señor, aunque tanto Pablo como Pedro reconocieron que podría tardar más de lo que esperaban (2 Pedro 3.8, 9).

Pero cuando leemos pasajes como Marcos 13, donde Jesús habla de su regreso, encontramos constantemente frases como: "tengan cuidado", "cuídense ustedes mismos", "manténganse ustedes despiertos y alertas". Debemos vivir como si fuera hoy.

La palabra clave de este versículo es "oración" (u "orar"). Note como las diferentes versiones de la Biblia traducen este versículo.

1/ Explique la exhortación de Pedro aquí.

Versículo 8

Note el énfasis que Pedro da a este consejo: "sobre todo" (DHH), "ante todo" (RV95). Vez tras vez las Escrituras insisten en la prioridad del amor entre los hermanos.

Pero noten también que Pedro dice que debemos amarnos "profundamente" (NIV), con "ferviente amor" (RV95)..

2/ ¿Qué sería amarnos "fervientemente"? (ver nota 1)

Luego Pedro dice que el amor "cubre" una multitud de pecados.
3/ ¿Qué puede significar esa expresión a la luz de Proverbios 10.12; 17.9; 1 Corintios 13.7 y Santiago 5.20?

Versículo 9

En aquellos días, cuando un viajero iba caminando o montado en un caballo, no existían buenos hoteles en todos los pueblos donde debía pasar la noche. La hospitalidad, entonces, para los viajeros cristianos era esencial.

Pero Pedro dice que debían recibir a los viajeros sin "mumurar" (DHH) o sin "quejarse" (NVI).

4/ ¿Qué razones pueden haber tenido para quejarse?

5/ ¿De qué formas debemos practicar la hospitalidad ahora?

Versículos 10 y 11

El tema de los dones es clave para la vida de la iglesia, porque una iglesia debe ser "carismática", es decir que funciona en base a los dones (*carismas* en griego) que Dios da.

Aquí Pedro menciona solamente dos de los dones: el hablar y el servir. Otros pasajes (Romanos 12.3-8 y 1 Corintios 14) dan listas más amplias.

6/ ¿Qué significa "administrar" los dones que Dios nos da?

Hay muchos contextos en los que podemos "hablar" como cristianos, desde una conversación en la calle hasta un sermón en el púlpito.

7/ ¿Explique lo que es "expresar las mismas palabras de Dios"? (v. 11 NVI)

También el servicio puede tener muchas formas, desde barrer el piso hasta actuar como tesorero o mantener un asilo para ancianos.

8/ Pero ¿cómo podemos asegurarnos que estamos actuando "con las fuerzas que Dios nos da" (DHH) y no con nuestras propias fuerzas?

La conclusión de Pedro resume todo en cuanto a nuestro servicio. Que Dios sea alabado por lo que hacemos y no nosotros mismos; que la gente vea la presencia de Dios en nosotros particularmente y como iglesia.

Porque solamente a él pertenecen la gloria y el poder para siempre. Amén.

Notas:

1 - La palabra traducida "ferviente" no se refiere a "calidez" o emoción, más bien se refiere al esfuerzo máximo de un atleta. Los comentaristas citan un ejemplo del uso de la palabra para describir al caballo cuando se lanza a un galope fuerte.

15

1 Pedro 4.12 - 19

Ésta no es la primera vez que encontramos esta extraña exhortación en el Nuevo Testamento: "... alégrense de tener parte en los sufrimientos..." (ver también Romanos 5.3 y Santiago 1.2). Jesús mismo lo había dicho en Mateo 5.11.

Hay hermanos que comprenden bien lo que Pedro dice, pero la mayoría de nosotros vivimos cómodamente. Nuestros "sufrimientos" son enfocados a cómo se porta el hijo, la inflación, ese vecino que nos molesta tanto, etcétera.

Pero Pedro está hablando de algo diferente.

1/ Busque en todo lo que hemos visto hasta ahora en la carta de Pedro, y haga una lista de las clases de sufrimientos que ellos enfrentaban.

2/ Explique con sus propias palabras de qué manera podemos (o debemos) alegrarnos cuando tenemos que sufrir esa clase de pruebas.

Por supuesto ninguno de nosotros debe sufrir por ser asesino, ladrón o delincuente (v. 15). ¡Esa clase de sufrimiento será merecido!

3/ Pero ¿qué es sufrir por "entrometido" (NVI) o "meterse en lo ajeno" (RV95)?

Aunque la mayoría de nosotros que vivimos en el mundo latino no sufrimos "por causa de Cristo" (v. 14), hay millares de nuestros hermanos en el mundo entero que sí lo padecen. En algunos países, convertirse en cristiano es un crimen. Y es muy posible que ese sufrimiento llegue, si no es a nosotros, a nuestros hijos o nietos.

4/ Según el planteo de Pedro,
   a/ ¿qué es lo que no debemos hacer frente a la persecución?

b/ ¿Qué debemos hacer?

5/ Si en su país, el ser cristiano fuera condenado por la ley, ¿habría en usted suficientes evidencias, aparte de asistir a una iglesia, para ser juzgado como cristiano? ¿Qué deben ver?

La expresión en el versículo 17 acerca de el juicio que comienza con la familia de Dios es un poco extraño. Porque hay muchos predicadores que afirman que convertirse a Cristo es la terminación de todos los problemas.

6/ ¿Qué puede significar esa expresión a la luz de Hebreos 12.5-11 y 1 Pedro 1.7?

Note como Pedro habla de dos "juicios": uno para la casa de Dios y otro para los de afuera.

7/ Explique la diferencia entre los dos.

Aunque estos versículos hablan del sufrimiento, a la vez Pedro los escribió para animar a los lectores de la carta. Cuando miramos nuestros días aquí como si fuéramos participantes en la escuela de Dios, nuestra actitud hacia muchas cosas cambia.

No hay mejor conclusión para estos versículos y el tema del sufrimiento que el versículo 19.

16

1 Pedro 5.1-4

Anciano es el título que más encontramos en el Nuevo Testamento para los encargados de una iglesia. Una de sus tareas es pastorear y, como consecuencia, también los podemos llamar "pastores". (ver nota 1)

Pero "anciano" es lo más común, en parte porque el uso sigue el ejemplo de los líderes del pueblo judío quienes también llevaban ese título, pero también porque es un término que implica madurez, experiencia y respeto de parte del pueblo.

El tema de estos versículos es el liderazgo en la iglesia, pero vamos a comenzar con un planteo del Señor Jesús sobre el tema.

1/ ¿Cómo debe ser el liderazgo en el pueblo de Dios según Marcos 10.4-45?

Pedro se identifica a sí mismo como "anciano" y, en el contexto del pasaje, nos sugiere que en ese momento él también era pastor (o uno de los pastores) de una iglesia (ver también Juan 21.15-17).

El pastor de ovejas, en los tiempos de Pedro, tenía una responsabilidad muy amplia. Por ejemplo:

1 - *Vigilar* a los enemigos que podrían atacar a las ovejas
2 - *Defender* a las ovejas de un ataque o peligro
3 - *Guiar* a las ovejas a pastos, agua y su corral
4 - *Sanar* a las enfermas o heridas
5 - *Encontrar* y *salvar* a una oveja perdida o atrapada
6 - *Amarlas*, compartiendo sus vidas y, de esa forma, *ganar su confianza*

De la misma manera, la persona responsable por un grupo de personas en la iglesia tiene una tarea amplia. (Nota 2)

En este capítulo, Pedro nos indica tres cosas que no se deben hacer y dos que sí. Podemos resumir lo que dice con un diagrama sencillo.

2/ Llene los espacios en este diagrama.

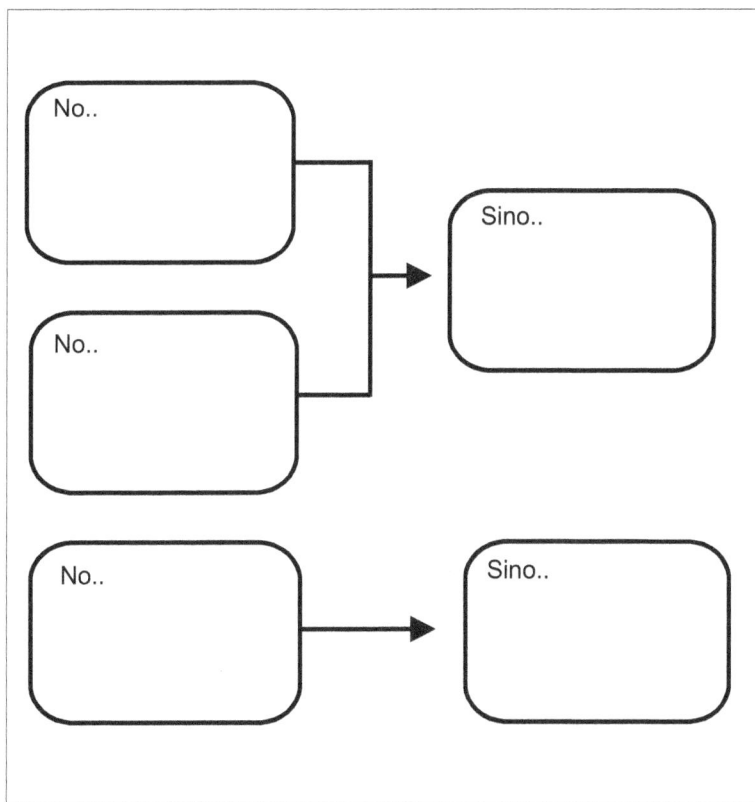

```
┌─────────────┐
│ No..        │
│             │──────┐
│             │      │      ┌─────────────┐
└─────────────┘      │      │ Sino..      │
                     ├─────▶│             │
┌─────────────┐      │      │             │
│ No..        │      │      └─────────────┘
│             │──────┘
│             │
└─────────────┘

┌─────────────┐             ┌─────────────┐
│ No..        │             │ Sino..      │
│             │────────────▶│             │
│             │             │             │
└─────────────┘             └─────────────┘
```

El primer "no" se refiere a que el encargado no debe hacer su tarea como una "obligación", sino de buena gana.

Supongamos que en un barrio de su ciudad hay un pequeño grupo de cristianos. Había recibido apoyo de una iglesia, pero últimamente quedó solo.

Se juntaron los del grupo para charlar sobre la situación y unánimes decidieron que Juan debía ser su "pastor". Era la única persona entre ellos con suficiente experiencia y preparación para hacerlo.

Pero Juan no quería asumir esa responsabilidad. Tenía sus razones, y eran buenas. Al final, sin ganas, la aceptó.

3/ A la luz de lo que dice Pedro aquí, ¿hizo bien Juan o no? Explique.

La expresión: "ambición de dinero" (NVI) es una sola palabra en griego, y aparece solamente aquí en el Nuevo Testamento. Es la combinación de "ganancia" y "vergonzoso, deshonesto".

4/ ¿Qué formas puede tomar este peligro en una iglesia?

El versículo 3 afirma un abuso que es demasiado común en las iglesias. Es mucho más fácil mandar que ser ejemplo.

Pero la iglesia necesita modelos (el significado de la palabra "ejemplo") porque las personas nuevas y la juventud que vienen a la iglesia siguen los modelos que ven en la congregación.

5/ Según 1 Timoteo 4.12 y Tito 2.7, ¿de qué debe ser modelo el que dirige?

El versículo 4 nos hace recordar que regresa el "sumo pastor" o, expresándolo en una forma más literal, el "arzopastor".

6/ Cuándo él regresa, ¿cómo será la situacion de los pastores, según Hebreos 13.17?

En los eventos deportivos de Roma, el ganador recibía una corona de hojas, una corona perecedera. Encontramos la misma palabra en el versículo 4, pero con una diferencia importante. En este caso, es una corona gloriosa que nunca se marchita.

7/ ¿Cómo nos ayuda 1 Timoteo 3.1 y 5.17 a comprender la tarea del anciano?

Aceptar la responsabilidad sobre otras personas es una tarea que tiene dificultades, pero a la vez trae satisfacciones grandes, no solamente en esta vida, sino en la venidera.

8/ Por ejemplo, ¿qué sugiere el Señor en Lucas 16.10 y 19.17 y 19?

Notas:

1 - También en el Nuevo Testamento encontramos el título "obispo". Pero "anciano", "pastor" y "obispo" son tres maneras de describir a la misma persona. Por ejemplo, en Hechos 20, Pablo llama a los "ancianos" (v. 17) y dice que Dios los ha puesto como "obispos" (NVI, RV95) para "pastorear" a la congregación.

2 - La versión DHH dice: "cuidar las ovejas de Dios", la versión NVI dice: "cuidar como pastor el rebaño de Dios" y la RV95 dice: "apacentar la grey de Dios". Las tres versiones están de acuerdo.

17

1 Pedro 5.5-14

Al terminar su epístola, Pedro nos enfrenta con un par de temas muy prácticos para la vida cristiana y la vida de la iglesia.

Primero, es llamativa la primera parte del versículo 5.

1/ ¿Qué razón puede haber tenido Pedro para exhortar a los jóvenes a someterse, y no a toda la congregación?

El versículo sigue con una figura que se pierde en la versión DHH. Pedro dice que todos debemos "vestirnos" con humildad. Literalmente es ponerse la chaqueta de obrero antes de comenzar a trabajar. No es ponerse un traje elegante, sino algo bien humilde.

2/ Exprese con sus propias palabras qué es la "humildad. Ver también Romanos 12.3; Efesios 4.2; Filipenses 2.3 y Colosenses 3.12, 13.

3/ ¿Humillarse es algo que sentimos o algo que hacemos? Explique.

4/ ¿Existe una diferencia entre humillarnos frente al hermano (v. 5) y humillarnos frente a Dios (v. 6)?

5/ ¿Cuáles son
a/ los beneficios de humillarnos?

b/ los peligros de no humillarnos?

Pedro ocupa una buena parte de su carta con el tema del sufrimiento, y reconocemos que hay tres fuentes principales del sufrimiento.

- ✓ El planeta mismo que está herido por causa del pecado (Romanos 8.20-22). Inundaciones, terremotos y pestes son algunos ejemplos.
- ✓ El hombre que constantemente perjudica a su semejante. Toda la Biblia está llena de ejemplos, y vemos suficientes en cada edición de las noticias.
- ✓ Y ahora Pedro nos advierte de la tercera causa, Satanás.

La palabra (σατανασ) significa "adversario", y la Biblia lo describe como el enemigo de Dios y de su pueblo.

La figura de Satanás como "león que devora" es clara.

6/ Pero ¿de qué manera el cristiano está en peligro de Satanás? ¿Qué nos puede hacer?

7/ Según este pasaje, Pedro dice que hay tres cosas que debemos hacer para evitar los ataques de Satanás. ¿Cuáles son? Explique cada una de ellas.

"Y después de que ustedes hayan sufrido un poco de tiempo, Dios..."

Sí, nada en esta creación, en nuestra vida, es permanente; sólo Dios. Depositamos en él toda nuestra ansiedad (v. 7) porque podemos confiar en sus manos fuertes que nos sostienen.

8/ Busque el versículo 10 en más de una versión de la Biblia y, con sus propias palabras, explique lo que Dios propone para nosotros.

Así como Pablo dictó sus cartas a un "secretario", aparentemente Pedro escribió esta carta por medio de Silvano. Los comentaristas piensan que este Silvano es el mismo Silas (ver nota 1) que acompañaba a Pablo en varios pasajes de Los Hechos. También estuvo con Pablo cuando escribió las cartas a los tesalonicenses (1 Tesalonicenses 1.1 y 2 Tesalonicenses 1.1)

9/ ¿Qué más aprendemos de Silvano de los siguientes pasajes? Hechos 15.22; 15.40; 16.20 y 16.37.

Pedro expresa el propósito de su carta con dos verbos. El primero normalmente se traduce con términos como: "animar", "apelar", "consolar". El segundo significa simplemente "testificar, declarar". Pero agrega una expresión llamativa: "ésta es la verdadera gracia de Dios". (ver nota 3)

Seguramente se refiere a todo el planteo de su libro, pero especialmente a la provisión y protección de Dios en su situación particular.

Pedro indica indirectamente que estuvo en "Babilonia", y los comentaristas notan como ese nombre se usa muchas veces para referirse a Roma. Esto concuerda con la historia, porque aparentemente Pedro pasó sus últimos años en esa ciudad. (ver nota 2)

Vamos a terminar nuestro estudio con una reflexión global.

10/ En esencia, ¿cuál sería el mensaje principal que Pedro quería comunicar a los hermanos "esparcidos"?

11/ Para usted, personalmente, ¿cuál ha sido la parte de la carta que más le ha impactado?

Notas:

1 - "Silas"es su nombre en griego y "Silvano" su nombre en latín.

2 - En el versículo 13, la palabra "iglesia" ha sido agregada para clarificación; no está en el griego original. El original dice más o menos así: "la elegida en Babilonia". Juan hace algo parecido para

referirse a la iglesia en su segunda carta (vv. 1 y 13).

3 - Las versiones NVI y RV95 traducen la expresión literalmente. La versión DHH es más bien una interpretación.

Sugiero que terminen su sesión con oración, y que se despidan "los unos a los otros con un beso (y un abrazo) de amor fratenal".

"Paz a todos ustedes que están en Cristo".

Cómo utilizar este cuaderno

Este cuaderno es una guía de estudio, es decir que su propósito es guiarle a usted para que haga su propio estudio del tema o libro de la Biblia que desarrolla este material. El cuaderno propone un diálogo. En él introducimos el tema, sugerimos cómo proceder con la investigación, comentamos, pero también preguntamos. Los espacios en blanco después de las preguntas son para que usted anote sus respuestas.

Esperamos que por medio del diálogo le ayudemos a forjar su propia comprensión del tema. No de segunda mano, como cuando se escucha un sermón, sino como fruto de su propia lectura e investigación.

¿Cómo hacer el estudio?

1 - Antes de comenzar, ore. Pida ayuda a Dios que le hable y le dé comprensión durante su estudio.

2 - Debe leer los pasajes bíblicos más de una vez y preguntarse: ¿Qué dice el autor? Aunque muchos utilizan la "Versión Reina-Valera" de la Biblia, conviene tener otra versión, o versiones, disponible para comparar los pasajes entre si. La "Versión Popular" y la "Nueva Versión Internacional" le pueden ayudar a ver el pasaje con más claridad.

3 - Siga con la lectura de la lección. Responda lo mejor que pueda a las preguntas.

4 - Evite la tendencia de apurarse para terminar. Es mejor avanzar lentamente, pensando, preguntando, aclarando.

En grupo

El estudio personal es de mucho valor, pero se multiplican los beneficios si lo acompaña con el estudio en grupo. Un grupo de hasta ocho personas es lo ideal. Pero puede ser que, por diferentes motivos, el grupo esté formado por usted y una persona más; aun así, es mejor que estudiar solo.

En realidad, este cuaderno ha sido diseñado con ese motivo: estimular el estudio en células, en grupos pequeños.

La manera de hacerlo es fácil:

1 - Usted hace en forma personal una de las lecciones del cuaderno. Aun cuando pueda haber cosas que no entienda bien, haga el mayor esfuerzo posible para completar la lección.

2 - Luego reúnase con su grupo. En el grupo comparten entre todos las respuestas de cada pregunta. Puede ser que no tengan las mismas respuestas, pero, comparando entre todos, las van aclarando y corrigiendo. En este compartir semanal de una hora y media, este diálogo entre todos, se encuentra la verdadera riqueza y que nos provee esta forma de estudio.

3 - Evite salirse del tema. El tiempo es oro y lo más importante es enfocar todo el esfuerzo del grupo en el tema de la lección. Luego pueden dedicar tiempo para conocerse más y tener un rato social.

4 - Participe. Todos deben participar. La riqueza del trabajo en grupo es justamente eso.

5 - Escuche. Hay una tendencia a apurar nuestras propias opiniones sin permitir que el otro termine. Vamos a aprender de cada uno, aun de los que, según nuestra opinión, estén equivocados.

6 - No domine la discusión. Puede ser que usted tenga todas las respuestas correctas, sin embargo es importante dar lugar a todos y estimular a los tímidos a participar. No se trata de sobresalir, sino de compartir aprendiendo juntos.

Si en el grupo no hay una persona con experienca en coordinarlo, puede encontrar ayuda para dirigir un grupo en los siguientes lugares:

1 - Nuestra página web: www.edicionescc.com. La sección "Capacitación" ofrece una explicación breve del método de estudio.

2 - Las últimas páginas de nuestro catálogo ofrecen también una orientación.

3 - El cuaderno titulado "Células y otros grupos pequeños" es un curso de capacitación para los que desean aprender a coordinar un grupo.

4 - Algunas guías disponen de un cuaderno de sugerencias para el coordinador del grupo.

Finalmente diremos que las guias no contienen respuestas a las preguntas, ya que el cuaderno es exactamente eso: una guia, una ayuda para estimular su propio pensamiento, no un comentario ni un sermón. Le marcamos el camino, pero usted lo tiene que seguir.

Que el Señor lo acompañe en esta tarea y, si necesita ayuda, comuníquese con nosotros. Estamos para servirle.